Wolfgang Walker

Schneiderfleck und Apfelspatzen

Wolfgang Walker

Schneiderfleck und Apfelspatzen

Die beliebtesten „süßen" Rezepte aus UAwg

Mit Illustrationen von
Sybille M. J. von Werder

Theiss

Mit freundlicher Unterstützung
des Süddeutschen Rundfunks, Stuttgart

Die Deutsche Bibliothek – CIP-Einheitsaufnahme

Walker, Wolfgang:
Schneiderfleck und Apfelspatzen : die beliebtesten süßen Rezepte aus UAwg / Wolfgang Walker. – Stuttgart : Theiss, 1995
ISBN 3-8062-1158-2

Umschlaggestaltung: Jürgen Reichert, Stuttgart
unter Verwendung einer Vorlage des Archivs
für Kunst und Geschichte, Berlin

Layout und Herstellung: Die Herstellung,
Stuttgart

Satz: Steffen Hahn GmbH, Kornwestheim
Druck und Bindung: Ebner Ulm
Printed in Germany
ISBN 3-8062-1158-2

Gar lieblich dringen aus der Küche
bis an das Herz die Wohlgerüche.
Hier kann die Zunge, fein und scharf,
sich nützlich machen, und sie darf.

Wilhelm Busch

Inhalt

Vorwort

„Es gibt doch herrliche Zufälle. Es ist wunderbar, daß Sie gerade mir das Rezept vom Kartoffelkrümelkuchen zusandten, denn er war während des Kriegs mein Lieblingskuchen. Beim ersten Probieren hatte ich allerdings meine Schwierigkeiten. Ich hatte die Kartoffeln durch den Wolf gedreht. Deshalb mußte ich es noch ein zweites Mal mit Bedacht probieren. Der Kuchen war dann wunderbar und ein Genuß."

Das ist das Fazit einer der vielen „Testbäckerinnen und -bäcker", die dieses Buch überhaupt erst möglich gemacht haben. Sie gehören alle zum großen Hörerkreis der SDR-Sendung „Um Antwort wird gebeten". Eine Sendung, die im Lauf der Jahre unter anderem zur schier unerschöpflichen Fundgrube für Gedichte und Rezepte, vor allem aus früherer Zeit, geworden ist.

Und da die traditionelle, regionale Küche voll im Trend liegt und die meist handgeschriebenen Rezepte aus Omas Sammlung heiß begehrt sind, haben wir bei den in „UAwg" gesuchten und wiedergefundenen Rezepten Inventur gemacht und dabei festgestellt, daß „Süßes" Trumpf war. So entstand die Idee zu einem Buch voll süßer Köstlichkeiten.

Die Rezepte zu sichten und zu ordnen war ein Leichtes. Doch wer sollte sie ausprobieren? Schließlich wollten wir sicher gehen, daß sie auch gelingen. Das kleine „UAwg"-Redaktionsteam sah sich nicht in der Lage, eine eigene Versuchsküche bzw. -bäckerei einzurichten. So beschlossen wir, die Hörerinnen und Hörer zu aktivieren und starteten eine große „Nachkoch- und Nachbackaktion“. Weit über hundert Rezeptetester meldeten sich, probierten, veränderten, verbesserten und schickten Erfahrungsberichte mit persönlicher Beurteilung und Anmerkungen, die nicht selten Anlaß zum Schmunzeln gaben. Da wurden zum Beispiel Mohnküchle gebacken und nach getaner Arbeit resümiert: „Sehen aus wie Schuhsohlen Größe 39, aber schmecken herrlich.“ Zum Beweis lag ein Foto bei. Kommentar zu einem anderen Gebäck: „Sie fetzen einen nicht vom Hocker.“ Es war alles vertreten – von totaler Begeisterung über bisher nicht gekannte Leckereien bis hin zu der lapidaren Feststellung nach einem mißlungenen Versuch: „Den größten Teil mußten wir den Hühnern verfüttern“.

Viele schickten Versucherle, zum Teil in abenteuerlicher Verpackung. Marmelade beispielsweise kam in zweckentfremdeten, kleinen Döschen an. Begleittext: „Die Medikamentendosierschachteln habe ich ganz neu in der Apotheke gekauft (zum Beweis habe ich das Preisschild dran gelassen) und anschließend auch noch gewaschen. Es ist also alles hygienisch.“

Eine Hörerin brachte ihr Backergebnis, einen köstlichen Kuchen, gleich während der Sendung vorbei, und das gesamte Redaktions- und Technikteam war beim „Testnaschen“ begeistert.

Nicht nur Frauen, auch Männer waren mit von der Koch- und Backpartie. Einer, der sich in seinem Briefkopf als „freischaffender Rentner“ auswies, schickte Kostproben seiner gelungenen Erdnußbutter-Plätzchen. Und ein anderer reger Amateurkoch, Teilnehmer an Rezept- und Kochwettbewerben, entwickelte aus dem zugesandten Tortenrezept eine interessante eigene Version.
Das Beschaffen der Zutaten war auch nicht immer einfach. Woher soll man zum Beispiel Rhabarber nehmen, wenn gerade keiner wächst? Die „Testbäckerin“ des Rhabarberkuchens wußte sich zu helfen. Sie erbettelte sich in der ganzen Nachbarschaft eingefrorenen Rhabarber und revanchierte sich mit Kuchenkostproben.
Natürlich waren alle nicht nur mit Spaß, sondern auch mit dem nötigen Ernst und mit großer Sorgfalt am (Back-)Werk. Und viele dabei gemachte Erfahrungen sind den Rezepten als Hörer-Tips beigefügt. Tatsache ist: alles wurde ausprobiert und kann bei richtiger Zubereitung gelingen. Der Rest ist Geschmackssache.
Ich hoffe, daß Sie der einen oder anderen süßen Versuchung in diesem Buch mit Genuß und Freude erliegen.

Stuttgart, im März 1995
Wolfgang Walker

Rosengelee und Zwetschgenmus

Leckere Marmeladen

Ebereschenkonfitüre mit Brombeeren und Äpfeln

Zutaten
500 g Ebereschen
500 g Äpfel
500 g Brombeeren
750 g Gelierzucker
(„Zwei plus eins“)

Zubereitung Die Ebereschenbeeren von den Stielen entfernen. Gründlich waschen.
Über Nacht die Beeren in stark gesäuertes Essigwasser legen, damit sich die Bitterstoffe verlieren.
Am nächsten Tag die Beeren nochmals waschen.
Ebereschenbeeren, Brombeeren und die kleingeschnittenen Äpfel mit dem Gelierzucker mischen. Aufkochen lassen, Gelierprobe machen.
Nochmals aufkochen und heiß in die Gläser füllen.

Hörer-Tip Zur Geschmacksabrundung kann man einen Schuß Cognac zugeben.

Preiselbeermarmelade

Zutaten

1,5 kg Preiselbeeren
1,5 kg Zucker
$^{1}/_{2}$ l Rotwein
1 Zimtstange (je nach Geschmack)

Zubereitung Die Preiselbeeren mit dem Zucker und dem Rotwein vermischen.
Die Zimtstange hinzufügen und unter ständigem Rühren zum Kochen bringen.
Die Marmelade so lange kochen, bis die Preiselbeeren glasig sind.
Die fertige Masse heiß in Gläser füllen und diese zubinden.

Hörer-Tip Paßt sehr gut zu Wildgerichten.

Quittenpaste

Zubereitung Bei geringer Hitze 1 Pfund durchpassiertes Quittenmark mit dem Zucker, der Vanille und dem Zitronensaft vermengen.
Die Masse unter ständigem Rühren so lange kochen, bis sie sich vom Topfrand und vom Rührlöffel löst.
Die Quittenpaste auf ein mit Zucker bestreutes Papier streichen, dieses auf ein Backblech schieben und die Paste im lauwarmen Ofen übertrocknen.
Zuletzt die Paste in beliebige Stücke schneiden oder mit Förmchen ausstechen.

Zutaten
500 g Quittenmark (entsteht bei der Herstellung von Quittengelee)
500 g Zucker
$^{1}/_{2}$ Zitrone (Saft)
$^{1}/_{2}$ Vanilleschote

Sanddorngelee

Zutaten
1,5–2 kg Sanddornbeeren (ergibt 3/4 l Sanddornsaft)
1 kg Gelierzucker

Zubereitung Die Beeren knapp mit Wasser bedeckt zum Kochen bringen und bei mäßiger Hitze kochen, bis sie geplatzt sind. Fruchtbrei durch ein Tuch abseihen.
3/4 l Saft abmessen, mit Gelierzucker unter Rühren zum Kochen bringen.
4 Minuten sprudelnd kochen, in Gläser füllen und verschließen.

Rosengelee

Zubereitung Rosenblätter unter kaltem Wasser abspülen.
1 Liter Wasser mit einem Teelöffel Zitronensäure mischen und die Rosenblätter ca. 15 Minuten darin kochen, bis das Wasser Aroma und Farbe der Blätter angenommen hat.
Blätter absieben und die Flüssigkeit unter Zugabe von 1 kg Gelierzucker unter ständigem Rühren erhitzen und ca. 2 Minuten sprudelnd kochen lassen. Noch heiß in Deckelgläser einfüllen.

Zutaten
1 Pfd. dunkelrote Rosenblätter
1 l Wasser
1 Tl Zitronensäure
1 kg Gelierzucker

GELIER

Vogelbeer-Zwetschgen-Apfel-Marmelade

Zubereitung Vogelbeeren waschen, abzupfen und in $^{1}/_{4}$ l Wasser ca. 20 Minuten lang dünsten.
Durch ein Sieb rühren.
Zwetschgen waschen, entsteinen und in kleine Stücke schneiden.
Vogelbeermus, Zwetschgen und Äpfel abwiegen und ebenso viel Gelierzucker hinzufügen. Über Nacht ziehen lassen.
Am nächsten Tag unter Rühren zum Kochen bringen. 4 Minuten sprudelnd kochen lassen. Dann in Gläser füllen.

Zutaten
500 g Vogelbeeren
$^{1}/_{4}$ l Wasser
250 g Zwetschgen
125 g Äpfel
1 kg Gelierzucker

Zwetschgenmarmelade mit Karotten

Zutaten
3 kg entsteinte Zwetschgen
1 kg Zucker
750 g Karotten

Zubereitung Die rohen, geputzten Karotten in dünne Scheiben schneiden.
Zwetschgen, Zucker und Karotten mischen und unter ständigem Rühren so lange kochen, bis die Karottenscheiben weich sind (ca. 90 Minuten).
Heiß in Gläser füllen.

Hörer-Tip Das Interessante an dieser Marmelade ist, daß die Karotten einen leichten „Biß" behalten und nicht vollständig verkochen.

Zwetschgenmus

Zubereitung Zwetschgen mit Zucker, Essig, Zimt und Nelkenpulver mischen und über Nacht stehen lassen.
Die Masse ca. zwei Stunden bei kleiner Flamme köcheln lassen.
Anschließend ca. zehn Minuten mit dem Schneebesen durchschlagen, damit die Häute zu Mus werden.
Heiß abfüllen und die Gläser zum Auskühlen stürzen.

Hörer-Tip Durch Zugeben von etwas Blockschokolade wird das Mus etwas süßer und erhält zugleich eine dunklere Farbe.

Zutaten
3 kg Zwetschgen (entsteint)
1 kg normaler Zucker
1/8 l Weinessig
Zimt und Nelkenpulver nach Belieben

Zwetschgen in Fettpfanne

(Aachener Pflümli)

Zutaten

3 kg Zwetschgen
750 g Zucker
1 Zimtstange
6–8 ganze Nelken
1 Prise Ingwer (nach Belieben)
3–4 El Weinessig

Zubereitung Zwetschgen vierteln, mit dem Zucker mischen und über Nacht ziehen lassen.

Am nächsten Tag zusammen mit dem Zimt und den Nelken in eine Backpfanne geben. Bei 140 °C 25–30 Minuten in den Backofen stellen.

Danach bei 80–90 °C 3–4 Stunden lang köcheln lassen.

Anschließend alles in einen Topf geben, mit dem Weinessig mischen, nochmals aufkochen und evtl. mit einem Mixer durchrühren.

Ergibt ca. 10 bis 12 Gläser.

Hörer-Tip Zweimaliges Umrühren verhindert ein Anbrennen und garantiert ein gleichmäßiges Einkochen.

Tomatenmarmelade

Zubereitung Tomaten in eine Schüssel mit kochendem Wasser geben und 1 Minute ziehen lassen.
Rasch abschrecken und die Haut abziehen. Stengelansatz herausschneiden.
Tomaten vierteln und in einem großen Topf zum Kochen bringen. Dann bei mittlerer Hitze weich werden lassen. Ab und zu umrühren.
In der Zwischenzeit Johannisbeeren waschen, abzupfen und im Mixer pürieren.
Durch ein mit einem Mulltuch ausgelegtes Sieb abseihen. Fruchtmus stark auspressen.
Tomaten durch ein Sieb streichen und mit dem Johannisbeersaft mischen.
Genau abmessen und die entsprechende Menge Gelierzucker abwiegen.
Tomaten-Saft-Mischung bei schwacher Hitze zum Kochen bringen.
In einen anderen Topf wenig Zucker geben und rühren, bis dieser flüssig ist, dann einige Tropfen Zitronensaft zufügen.
Restlichen Zucker einrühren und nach und nach den Zitronensaft zugeben.
Tomaten-Saft-Mischung 5 Minuten kochen lassen. Dann geschmolzenen Zucker einrühren.
Marmelade noch etwa 3 Minuten kochen lassen, dann in vorbereitete Gläser füllen.

Zutaten
2,5 kg Fleischtomaten
1 kg rote Johannisbeeren
Gelierzucker
2 EL Zitronensaft

RUM
ZUCKER

Rum-Kirschen

Zubereitung Die Kirschen waschen und gut abtropfen lassen.
Die Stiele mit einer Schere um die Hälfte verkürzen und die Früchte in vorbereitete Weckgläser geben.
Den Zucker in $^1/_4$ l Wasser aufkochen, abkühlen lassen, mit dem Rum vermischen und über die Kirschen gießen.
Stangenzimt dazugeben und bei 80 °C ca. 20 Minuten einwecken.

Hörer-Tips Rum-Kirschen eignen sich hervorragend für die Verzierung von Kuchen und Torten sowie für das Garnieren von Cocktails.
Mit Vanilleeis und Sahne sind Rum-Kirschen ein köstliches Dessert.

Zutaten
1 kg Sauerkirschen mit Stiel und Stein
500 g Zucker
$^1/_4$ l Wasser
$^1/_2$ l Rum (54 %)
$^1/_2$ Zimtstange

Schneebälle und Kalter Hund

Verführerische Süßspeisen

Schneebälle

Zubereitung Butter, Wasser, Salz und Vanillezucker in einem Stieltopf aufkochen. Bei geringer Hitze das Mehl unter Rühren zufügen. Teig so lange abrühren (abbrennen), bis er sich zu einem Kloß zusammenballt und trocken ist. Vom Herd nehmen. Sofort ein Ei kräftig unterrühren.
Zehn Minuten abkühlen lassen. Restliche Eier nach und nach untermischen.
Korinthen gründlich waschen, mit Küchenkrepp abtrocknen und unter den Teig mischen. Teig in Spritzbeutel ohne Tülle oder mit runder Lochtülle füllen.
Kokosfett oder Öl auf ca. 170 °C erhitzen. Teig nach und nach in aprikosengroßen Klößen ins Fett gleiten lassen. In 15 Minuten goldgelb und knusprig backen.
Auf Küchenkrepp abtropfen und auskühlen lassen. Mit Schere in Hälften schneiden.
Sahne und Zucker in einer Schüssel steif schlagen. In die Krapfenhälften füllen, mit den übrigen Hälften bedecken. Mit Puderzucker bestäuben. Ergibt ca. 55 Schneebälle.

Hörer-Tips Es empfiehlt sich, auf die Korinthen zu verzichten, da die äußeren beim Backen leicht verbrennen und dann bitter schmecken.
Wenn die Schneebälle im Fett ausgebacken werden, ist es besser, den Teig mit zwei Löffeln zu formen. Wird der Teig in einen Spritzbeutel gefüllt, sollte man die Schneebälle auf einem Blech im Ofen ausbacken.
Den Teig mit Weißwein verfeinern.

Zutaten
für den Brandteig:
75 g Butter
$^{3}/_{8}$ l Wasser
1 Prise Salz
1 P. Vanillezucker
300 g Mehl
6–7 Eier
75 g Korinthen
750 g Kokosfett oder
1 l Öl zum Fritieren

zum Füllen und Bestäuben:
$^{1}/_{4}$ l Sahne
1 El Zucker
2 El Puderzucker

Schneiderfleck

Zutaten
250 g Mehl
20 g Hefe
40 g Zucker
$^1/_8$ l lauwarme Milch
60 g Butter
1 Prise Salz
1 Ei

80–100 g Butter (zum Bestreichen)
Puderzucker

Backzeit
30 Minuten bei 200 °C (E-Herd);
Stufe 3 (Gas)

Zubereitung Mehl in eine Schüssel geben, in die Mitte eine Mulde drücken.
Die Hefe hineinbröseln, mit einem Teelöffel Zucker und etwas lauwarmer Milch verrühren.
Schüssel mit einem Tuch abdecken und den Vorteig etwa 10 Minuten gehen lassen.
Den restlichen Zucker, Butter, Salz, Ei und restliche Milch dazugeben und alles zu einem glatten Teig verkneten. Teig nochmals 30 Minuten gehen lassen.
Inzwischen eine feuerfeste, rechteckige Form mit Butter ausstreichen.
Den Hefeteig ca. 1 cm dick ausrollen und in viereckige Teigstücke schneiden.
Schuppenartig in die Form legen, dabei die Oberseite immer mit reichlich flüssiger Butter einpinseln.
Aus der Form stürzen, mit der Gabel zerreißen und mit Puderzucker bestreuen.
Noch warm mit Zwetschgenkompott servieren.

Hörer-Tips Zwischen die einzelnen Stücke kann man auch Zimtzucker streuen. Anstelle des Mehls kann gemahlener Weizen verwendet werden.

Zucker
SALZ
MILCH
HEFE

Apfelspatzen

Zutaten
1,5 altbackene Brötchen
1/8 l Milch
4 Äpfel
Zucker
2 Eier
Salz
1–2 El Mehl
Milch

Backzeit
20–30 Minuten bei 200°C (E-Herd)

Zubereitung Brötchen in Würfel schneiden und mit heißer Milch übergießen. Etwa eine halbe Stunde lang zugedeckt weich werden lassen.
Die Äpfel in kleine Stücke schneiden und mit etwas Zucker mischen; anschließend zu den Brötchen geben und mit den Eiern, Salz und Mehl vermengen.
Aus der Masse kleine Häufchen formen und diese in einer gefetteten Kasserrolle verteilen.
Mit etwas heißer Milch übergießen und backen.

Hörer-Tips Am besten gleich die doppelte Menge für 4 Personen machen.
Die Apfelspatzen lassen sich auch gut mit etwas Zimt verfeinern.

MEHL
ZIMT

Dithmarscher Mehlbeutel

Zutaten
500 g Mehl
$^{1}/_{2}$ Tl Backpulver
6 Eier
$^{1}/_{2}$ l Milch
3 El Zucker
1 Tl Salz
500 g durchwachsener geräucherter Speck
$^{3}/_{4}$ l Wasser
1 Glas Schattenmorellen (720 g)
1 El Speisestärke
50 g Butter
$^{1}/_{4}$ Tl Zimt

Serviette
(ca. 80 x 80 cm)
Baumwollfaden

Zubereitung Eier, Milch, Mehl, Backpulver, 1 Eßlöffel Zucker und Salz mit dem Schneebesen des Handrührgerätes zu einem glatten Teig verarbeiten.
Serviette mit Wasser ausspülen, auswringen, über eine Schüssel legen und leicht mit Mehl bestäuben.
Den Mehlbeutelteig hineingießen. Die Serviette über dem Teig zusammenhalten und mit dem Faden stramm zusammenbinden. Der Teig muß noch etwas Platz haben, damit er anschließend aufgehen kann.
Einen großen Topf mit Wasser zum Kochen bringen, den Mehlbeutel hineinlegen und im geschlossenen Topf ca. 2 Stunden lang gar ziehen lassen.
Inzwischen den Speck in $^{3}/_{4}$ l kochendem Wasser ca. 1 Stunde bei mittlerer Hitze garen.
Kirschen auf einem Sieb abtropfen lassen. Die Flüssigkeit und 1 Eßlöffel Zucker in einem Topf zum Kochen bringen.
Speisestärke mit wenig kaltem Wasser glattrühren und unter Rühren zum Kirschsaft gießen.
Soße einmal aufkochen lassen.
Die Kirschen zufügen und darin erwärmen.
Mehlbeutel aus dem Wasser nehmen, etwas ruhen lassen. Aus der Serviette lösen und auf einen Teller legen.
Butter schmelzen, restlichen Zucker und Zimt mischen.

Flüssige Butter und Zucker-Zimt-Mischung über den Mehlbeutel geben.
Mehlbeutel tortenförmig aufschneiden und mit der Kirschsoße und dem in Scheiben geschnittenen Speck servieren.

Leche Frita

(Spanisches Dessert)

Zutaten

60 g Maisstärke
$^{3}/_{4}$ l Milch
150 g Zucker
2 Eier
1 Tasse frische Weißbrotkrumen (ohne Kruste, gut zerkleinert)
60 g Butter
2 El Oliven- oder Pflanzenöl
1 Tl Zimt

Zubereitung In einem 1,5 bis 2 l fassenden Kochtopf die Maisstärke mit $^{1}/_{2}$ l Milch verrühren, bis sich die Stärke aufgelöst hat. Die restliche Milch und 120 g Zucker hineinrühren. Bei starker Hitze unter ständigem Rühren kochen lassen, bis die Puddingmischung eindickt.

Den Pudding in eine flache, 20 bis 25 cm große, viereckige Schüssel gießen, mit einem Spachtel gleichmäßig verstreichen und mindestens 4 Stunden in den Kühlschrank stellen.

Mit einem zuvor in heißes Wasser getauchten Messer den Pudding in 3 bis 4 cm große Quadrate schneiden.

Die Quadrate erst in die geschlagenen Eier tauchen, dann in den Brotkrumen wenden und auf ein Wachspapier legen.

In einer Pfanne von 25 bis 30 cm Durchmesser die Butter in Öl bei mäßiger Hitze zergehen lassen.

Wenn der Schaum sich zu legen beginnt, 6 oder 8 Puddingvierecke hineingeben und auf jeder Seite 2 Minuten bräunen.

Auf eine vorgewärmte Platte legen und mit einer Mischung aus Zucker und Zimt bestreuen.

Heiß servieren.

Strauben

Zubereitung Mehl, Milch, Zucker, zerlassene Butter und Eier zu einem glatten Teig verrühren.
Das Fett in einer Pfanne erhitzen.
Den Teig in kleineren Portionen durch einen Trichter schneckenförmig in heißes Backfett einlaufen lassen oder in eine Kaffeekanne füllen und durch die Tülle ins Fett schütten.
Schwimmend ausbacken.
Mit Zucker und Zimt bestreut servieren.

Zutaten
2,5 Tassen Mehl
1,5 Tassen Milch
2–3 El Zucker
4 El zerlassene Butter
2–3 Eier
Fett zum Ausbacken

Buttermilchpfannkuchen oder -plinsen

Zutaten
250 g Mehl
1 Tl Backpulver
$^1/_2$ l Buttermilch
2 El Zucker
1–2 Eier (nach Belieben)
1 Prise Salz
2–3 El Korinthen
75 g Fett
Zucker zum Bestreuen

Zubereitung Mehl mit Backpulver vermischen.
Die mit Eiern, Zucker und Salz verquirlte Buttermilch in das Mehl einrühren.
Die gereinigten Korinthen dazugeben.
Aus der Masse in dampfendem Fett Plätzchen backen.
Mit Zucker bestreuen.
Als Beilage eignen sich Kompott oder Obstsülzen.

BUTTER
MILCH
SALZ
MEHL

Aufläufer

Zutaten
250 g Butter
750 g Zucker
2 Eier
1/4 l saure Sahne
2 Zitronen (Saft)
2 P. Vanillezucker
1 Prise Salz
Zimt
1 kg Mehl
2 P. Backpulver

für den Guß:
250 g Butter
Zucker nach Belieben

Backzeit
30–45 Minuten
bei 200 °C (E-Herd);
Stufe 3 (Gas)

Zubereitung Die Butter zerlassen. Zukker, Eier, saure Sahne, Zitronensaft, Vanillezucker, Salz und Zimt zufügen und gut verrühren.
Mehl mit Backpulver mischen und löffelweise zur Teigmasse geben, bis man nicht mehr rühren kann. Das restliche Mehl wird mit der Hand in den Teig geknetet.
Wenn alles gut verarbeitet ist, wird der Teig in eine Schüssel gelegt, mit etwas Mehl bestreut, mit einem Tuch abgedeckt und 24 Stunden lang an einen kühlen Ort (nicht in den Kühlschrank) gestellt.
Nach 24 Stunden den Teig tüchtig durchkneten. Wiederum mit Mehl bestreuen, in eine Schüssel geben, Tuch darüberlegen und nochmals 24 Stunden stehen lassen.
Den Teig dann erneut gut durchkneten und dünn auswellen.
Rechtecke ausschneiden, auf ein gefettetes Backblech legen und mit den Fingern Löcher in den Teig drücken.
Die Butter zerlassen, einen Teil davon über die Teigstücke gießen und mit Zucker bestreuen.
Ergibt ca. 5 Bleche.

Hörer-Tip Für kleinere Familien reicht ein Viertel oder die Hälfte der angegebenen Menge. Die größere Menge läßt sich jedoch besser bearbeiten. Der Rest kann gut als Vorrat eingefroren werden.

Schlesische Mohnklöße

Zubereitung Die Brötchen in daumendicke Scheiben schneiden und in eine Schüssel legen.

60 g Zucker darüber streuen und mit einem halben Liter Milch übergießen. Durchweichen lassen.

Die restliche Milch zum Kochen bringen. Mit 200 g Zucker, den Rosinen und dem gemahlenen Mohn 10 Minuten kochen lassen. Dabei mit einem Holzlöffel gut umrühren.

Die gequollene Mohnmasse und die geweichten Brötchenscheiben nun schichtweise in einer Schüssel anrichten. Obenauf sollte eine Schicht Mohn liegen, die man mit den Mandelsplittern bestreut.

Hörer-Hinweis Die Mohnklöße werden vorzugsweise an Heiligabend oder an Silvester gegessen. Die Zahl der Mandelsplitter auf der gewählten Portion soll auf die Menge Glück hinweisen, die das neue Jahr bringen wird.

Zu den Mohnklößen wird traditionell Glühwein getrunken.

Zutaten

3 altbackene Brötchen
260 g Zucker
1 l Milch
60 g Rosinen
250 g dunkler Mohn (gemahlen)
60 g süße Mandeln (gehobelt oder gestiftelt)

Kalter Hund

Zutaten
3 Eier
375 g Zucker
2 P. Vanillezucker
375 g Palmin
175 g Kakaopulver
3 Tl Nescafé
2 El Rum
40 Kekse

Zubereitung Die Eier mit dem Zucker und dem Vanillezucker schaumig rühren.
Das Palmin erwärmen und langsam unter die Schaummasse ziehen.
Kakao, Nescafé und Rum dazugeben.
Die Kastenform (30 cm lang) mit Pergamentpapier auslegen und die Masse schichtweise einfüllen: Erste Schicht Kekse, zweite Schicht Masse usw. Die oberste Schicht sollte Masse sein.

Eiskonfekt

Zubereitung Palmin zergehen lassen, das Schokoladenpulver, den Puderzucker und das Mondamin sieben und mit dem Palmin glatt verrühren. Zum Schluß den Rum dazugeben und nochmals gründlich mischen.
Eiskonfektförmchen mit kaltem Wasser ausspülen und die Schokoladenmasse in die Förmchen füllen.
Zum Auskühlen ins Eisfach oder in die Gefriertruhe stellen.

Zutaten
250 g Palmin
200 g Trinkschokoladenpulver
125 g Puderzucker
2 El Mondamin
2 El Rum

Eiskonfektförmchen

Stippmilch

Zutaten
250 g Speisequark
40 g Zucker
1 P. Vanillezucker
1/8 l Milch
1/8 l Sahne
500 g Himbeeren
Schwarzbrot oder Zwieback

Zubereitung Quark, Zucker, Vanillezucker und Milch verrühren.
Sahne steif schlagen und unter die Quarkmasse heben.
Die Himbeeren waschen und einige zum Garnieren zur Seite legen.
Die Beeren leicht zerdrücken und unter die Masse geben.
Die Stippmilch mit zerbröseltem Schwarzbrot oder Zwieback bestreuen und mit einigen Himbeeren garnieren.

Welfenspeise

Zubereitung Milch, Zucker und Vanille aufkochen.
Anschließend 40 g Mondamin, mit etwas Milch verrührt, zugeben und bei ausgeschalteter Herdplatte noch 1/2 Minute durchkochen.
Sofort den Eischnee unter die heiße Masse heben (Vorsicht: Bei längerem Stehen wird die Masse wieder dünn.).
Eigelb, 10 g Mondamin und die übrigen Zutaten in einem hohen Topf mit dem Schneebesen oder dem Elektroquirl vermengen und bei mittlerer Hitze schaumig schlagen, bis die Flüssigkeit hochsteigt.
Von der Platte nehmen und kurz weiterschlagen, bis die Masse etwas abgekühlt ist.
Erst wenn auch die weiße Creme kalt ist, löffelweise den gelben Weinschaum vorsichtig darüber geben.

Zutaten
1/2 l Milch
120 g Zucker
Vanille
50 g Mondamin
3–4 Eier
1/4 l Weißwein
1 El Zitronensaft

Versöhnungsstangerl und Mohnküchle
Köstliches Gebäck

Bobbes

Zubereitung Die möglichst weiche Butter mit dem gesiebten Puderzucker, dem Eigelb und dem Salz verrühren. Das Mehl darübersieben. Alles zu einem Mürbteig verkneten und diesen in Alufolie gewickelt 2 Stunden im Kühlschrank ruhen lassen.

Den Backofen auf 200 °C vorheizen.

Den Teig auf einer bemehlten Fläche 5 mm dick zu einer Platte von ca. 25 x 40 cm ausrollen.

Die Marzipan-Rohmasse mit dem Arrak zu einer streichfähigen Masse verrühren, evtl. noch etwas Wasser zugeben.

Die Marzipanmasse auf die Teigplatte streichen und das Zitronat und Orangeat darüberstreuen.

Die Teigplatte von der Längsseite her aufrollen und in 3 cm dicke Scheiben schneiden. Die Scheiben hochkant in größeren Abständen auf ein Backblech setzen.

Die Oberfläche mit verquirltem Eigelb bestreichen und jede Scheibe mit einem Stückchen Zitronat und mit einer Mandel belegen.

Auf der zweiten Schiene von unten backen.

Auf einem Kuchengitter abkühlen lassen.

Hörer-Tip Schmeckt auch sehr lecker, wenn man die geschälten Mandeln durch Walnußhälften ersetzt.

Zutaten
250 g Butter
150 g Puderzucker
2 Eigelb
1 Prise Salz
400 g Mehl
200 g Marzipan-Rohmasse
2 Schnapsgläser Arrak (4 cl)
80 g feingehacktes Zitronat
50 g feingehacktes Orangeat
1 Eigelb
16 Zitronatstückchen
16 geschälte Mandeln

Backzeit
30 Minuten bei 200 °C (E-Herd)

MEHL
ZUCKER
SALZ
BACK PULVER

Kartoffelhörnchen

Zubereitung Die Butter schaumig rühren; dann Zucker, Ei, Salz, Kartoffeln, die geriebene Schale der Zitrone oder das Vanillemark, Backpulver und zuletzt das Mehl zugeben.
Die Masse auf dem Nudelbrett gut zusammenarbeiten.
Den Teig stark messerrückendick auswellen und Vierecke ausschneiden. Auf die Teigstücke etwas Marmelade geben und die Stücke von einer Ecke aus zu Hörnchen zusammenrollen.
Auf der mittleren Schiene backen.
Nach dem Backen sofort mit Staubzucker bestreuen.

Hörer-Tips Wenn von den angegebenen 250 g Mehl ca. 50 g durch Kartoffelmehl ersetzt werden, sind die Hörnchen lockerer.
Mit Zuckerguß (mit Zitronensaft hergestellt) überziehen. Dies verstärkt den Geschmack und macht das Gebäck „saftiger“.

Zutaten
45 g Butter
125 g Zucker
1 Ei
1 Prise Salz
250 g tags zuvor gekochte, geriebene Kartoffeln
1/2 Zitrone oder
1 Stückchen Vanille
250 g Mehl
1 El Backpulver

Backzeit
15–20 Minuten bei 200–210 °C (E-Herd); 160 ° (Heißluftherd)

Ferdinandeln

Zutaten
für den Teig:
400 g Mehl
2 Eigelb
20 g Hefe
40 g Butter oder Margarine
40 g Zucker
1/4 l lauwarme Milch

für die Füllung:
140 g Zucker
100 g Butter
1 P. Vanillezucker

Guß:
35 g Zucker
0,1 l Sahne

Backzeit
15–20 Minuten bei 160 °C (Heißluftherd)

Zubereitung Aus den angegebenen Zutaten einen Hefeteig zubereiten und 45 Minuten an einem warmen Ort gehen lassen.
Den Teig fingerdick ausrollen.
Die Füllung schaumig rühren und darauf verteilen.
Den Teig zu einer Rolle formen und in ca. 3 cm dicke Scheiben schneiden.
Das Backblech gut einfetten und die Teigrollen in einem Abstand von ca. 2 cm darauflegen.
30 Minuten ruhen lassen und dann backen.
Wenn die Oberfläche hellbraun wird, den Guß gut erwärmen und über die Teigrollen verteilen. Danach fertigbacken.

Mohnküchle

Zubereitung Aus den angegebenen Zutaten einen Hefeteig herstellen, ausrollen und in kuchentellergroße Stücke schneiden.
Für die Füllung den Mohn mit $^{1}/_{2}$ l Wasser aufkochen und einkochen lassen (wegen der Entgiftung des Mohns), dann Milch, Rosinen und Gewürze einrühren.
Die Teigstücke mit je 2 Eßlöffel Mohn füllen und gut zusammenfalten, damit nichts ausläuft.
Mit Eigelb bestreichen und mit Butterstreuseln belegen.
Ergibt ca. 17 Stück.

Zutaten
für den Hefeteig:
1 kg Mehl
1 Würfel Hefe
$^{1}/_{2}$ l Milch
100 g Margarine
(in Milch zergehen lassen)
175 g Zucker
1 Ei
1 Prise Salz
1 Fl. Zitronenaroma

für die Füllung:
500 g Mohn
$^{1}/_{2}$ l Wasser
$^{1}/_{8}$ l Milch
160 g Rosinen
Lebkuchengewürz
Zimt
2 P. Vanillezucker
160 g Zucker

Backzeit
30 Minuten bei 175 °C
(E-Herd)

MILCH
ZUCKER
PUDER
ZUCKER

Versöhnungsstangerl

Zubereitung Blätterteig auftauen und ausrollen. Quadrate von ca. 15 cm Seitenlänge schneiden.
Nüsse, Zucker, Vanillezucker und Milch gut verrühren und auf die Quadrate streichen.
Diese von einer Ecke her aufrollen, auf ein gefettetes Backblech legen.
Nach dem Backen mit Puderzucker bestreuen.

Hörer-Tip Statt der empfohlenen Hasel- oder Walnüsse können auch Mandeln verwendet werden.

Zutaten
1 P. Tiefkühlblätterteig
250 g gemahlene Hasel- oder Walnüsse
150 g Zucker
1 P. Vanillezucker
$^{1}/_{8}$ l Milch
Puderzucker zum Bestäuben

Backzeit
15–20 Minuten bei 200 °C (E-Herd);
Stufe 3 (Gas)

Kokosmakronen mit Quark

Zutaten
4 Eiweiß
150 g Zucker
1 P. Vanillezucker
4 Tropfen Bittermandelöl
65 g Magerquark
200 g Kokosflocken
Backoblaten

Backzeit
15–20 Minuten bei
180 °C (E-Herd)

Zubereitung Eiweiß steif schlagen, Zucker, Vanillezucker, Bittermandelöl und Magerquark zufügen.
Zum Schluß die Kokosflocken unterheben.
In kleinen Häufchen auf die Backoblaten setzen.

Hörer-Tip Das Bittermandelöl kann man durch den Saft einer halben Zitrone ersetzen.

Natronringe

Zubereitung Die Butter schaumig rühren und Zucker, Salz, Eier und Sahne zugeben.
Nach und nach das mit Natron vermengte Mehl untermischen.
Einen Teig kneten und nach Bedarf noch etwas Mehl zugeben. Den Teig einige Zeit ruhen lassen.
Ein Zentimeter dick auswellen und mit einer Ringform Ringe ausstechen.
In heißem Fett schwimmend backen.
Mit Vanillezucker bestreut servieren.

Zutaten
4 El Butter
7 El Zucker
1 Prise Salz
2 Eier
1 Tasse Sahne
375 g Mehl
1 Tl Natron
1 P. Vanillezucker
Backfett

ERDNUSS
BUTTER
NATRON
SALZ
MEHL

Erdnußbutter-Plätzchen

Zubereitung Im vorgeheizten Backofen bei 180 °C (E-Herd) den Sesamsamen auf einem Backblech ca. 20 Minuten rösten. Vorsicht! Immer wieder umrühren, damit er nicht zu dunkel wird. Herausnehmen, abkühlen lassen.
Butter und Erdnußbutter schaumig rühren.
Nach und nach Salz, Muskat und Natron beigeben. Den Zucker langsam einstreuen.
Das Ei zugeben und alles zu einem glatten Teig rühren.
Mehl mit Backpulver mischen und über den Teig sieben.
$^{2}/_{3}$ des Sesamsamens in den Teig geben und gut mischen.
Mit zwei nassen Teelöffeln kleine Kugeln formen und auf ein mit Backpapier ausgelegtes Blech legen, mit dem restlichen Sesam bestreuen. Mindestens 5 cm Abstand einhalten, da die Plätzchen sehr stark aufgehen.
Auf der mittleren Schiene backen.
Ergibt ca. 45 Plätzchen.

Hörer-Tip Die Plätzchen eignen sich gut als Weihnachtsgebäck. In der warmen Jahreszeit werden sie bereits nach kurzer Zeit sehr weich.

Zutaten
75 g Sesamsamen
100 g Butter
100 g Erdnußbutter
1 Prise Salz
$^{1}/_{4}$ Tl Natron
$^{1}/_{4}$ Tl gemahlene Muskatnuß
150 g Zucker
1 Ei
125 g Mehl
1 Tl Backpulver

Backzeit
15–20 Minuten bei 180 °C (E-Herd); Stufe 3 (Gas)

Windbeutel

Zutaten
1/4 l Wasser
1 Prise Salz
60 g Butter
125 g Mehl
4 Eier
Fett
Mehl
2 Becher Sahne
Puderzucker

Backzeit
ca. 40 Minuten bei
220 °C (E-Herd)

Zubereitung Wasser, Salz und Butter in einem kleinen Topf kochen.
Unter starkem Rühren das Mehl zugeben und den Teig so lange rühren, bis er sich zu einem Kloß zusammenballt und vom Topf löst.
Ein Ei darunter rühren und den Teig kalt werden lassen.
Anschließend die übrigen Eier unterrühren.
Auf das gefettete und mit Mehl bestäubte Backblech mit einem Löffel kleine Teighäufchen setzen und die Windbeutel backen.
Nach dem Erkalten oberen Teil abschneiden und die Windbeutel mit Sahne füllen.
Mit Puderzucker bestäuben.
Ergibt ca. 12 Stück.

Zimtschnitten und Osterfladen
Herrliche Kuchen

Schweizer Zimtschnitten

Zubereitung Mehl, Mandeln, Zucker, Ei und Eigelb in eine Schüssel geben.
Fett in Flöckchen darauf verteilen. Zitronenschale, Zimt, Nelkenpulver und Salz zufügen.
Zu einem glatten Teig vermengen.
Den Teig abgedeckt im Kühlschrank mindestens 30 Minuten ruhen lassen.
Ein Backblech gut einfetten.
Den Teig darauf verteilen, mit Frischhaltefolie abdecken und gleichmäßig ausrollen.
Folie abnehmen.
Teig mehrmals mit einer Gabel einstechen und im vorgeheizten Backofen backen.
Inzwischen Eiweiß steif schlagen. Zucker langsam einrieseln lassen und die Mandeln unterheben.
10 Minuten vor Ende der Backzeit den Guß gleichmäßig auf den heißen Teig streichen und mitbacken.
Den fertigen Kuchen in 3 cm breite und 8 cm lange Streifen schneiden.
Ergibt ca. 50 Stück.

Hörer-Tip Die Zimtschnitten eignen sich hervorragend als Vorweihnachts- oder Teegebäck.

Zutaten
für den Teig:
300 g Mehl
200 g gemahlene Mandeln
200 g Zucker
1 Ei
1 Eigelb
250 g Butter oder Margarine
abgeriebene Schale einer unbehandelten Zitrone
1 geh. El Zimt
1 Messersp. Nelkenpulver
1 Prise Salz
Fett für das Blech

für den Guß:
1 Eiweiß
75 g Zucker
100 g Mandelblättchen

Backzeit
ca. 30 Minuten bei 200 °C (E-Herd);
Stufe 3 (Gas)

Buttermilchschnitten

Zutaten

für den Teig:

3 Eier
2 Tassen Zucker
4 Tassen Mehl
2 Tassen Buttermilch
1 P. Vanillezucker
1 P. Backpulver

für den Belag:

2 Tassen Kokosflocken
$^{1}/_{2}$ Tasse Zucker

für den Guß:

1 Becher Sahne
150 g Butter

Backzeit

20 Minuten bei 200 °C (E-Herd)

Zubereitung Eier, Zucker und Vanillezucker schaumig rühren.
Mehl mit Backpulver vermischen und dazugeben.
Die Buttermilch unterrühren.
Den Teig auf ein mit Backpapier ausgelegtes Blech geben.
Kokosflocken und Zucker mischen und darüberstreuen.
Im vorgeheizten Backofen backen.
Sahne und Butter aufkochen und über den fertigen, noch heißen Kuchen geben.

Hörer-Tip Die Schnitten schmecken auch sehr gut mit Weizenvollkornmehl.

BUTTER
MILCH
ZUCKER
SAHNE

Rosenkuchen mit Mohnfüllung

Zutaten
für den Quark-Öl-Teig:
200 g Magerquark
6 El Milch
1 Ei
8 El Öl
100 g Zucker
1 P. Vanillezucker
1 Prise Salz
400 g Weizenmehl (Type 405)
1 P. Backpulver

für die Füllung:
300 g Mohn
150 g Zucker
1 P. Vanillezucker
1/2 Tl Zimt
1 P. Citro-Back
0,1 l Milch
75 g Butter oder Margarine
50 g gehackte Nüsse

Mehl
Fett
3 El Milch
2 El Puderzucker

Backzeit
40 Minuten bei 175 °C (E-Herd); 160 °C (Umluft) oder Stufe 2 (Gas)

Zubereitung Quark auf ein Sieb geben und gut abtropfen lassen.
Quark, Milch, Ei, Öl, Zucker, Vanillezucker und Salz mit den Knethaken des Handrührgerätes verrühren.
Mehl und Backpulver mischen. Zwei Drittel des Mehlgemisches unter die Masse rühren, dann den Rest eßlöffelweise unterkneten.
Mohn portionsweise in einem Elektro-Zerkleinerer fein mahlen.
Gemahlenen Mohn, Zucker, Vanillezucker, Zimt und Citro-Back in einer Schüssel verrühren.
Milch und Fett in einem kleinen Kochtopf erhitzen und unter die Mohn-Zucker-Masse rühren.
Gehackte Nüsse zufügen.
Quark-Öl-Teig auf einer bemehlten Arbeitsfläche zu einem Rechteck (ca. 60 x 40 cm) ausrollen.
Mohnmasse daraufgeben, gleichmäßig verstreichen. Dabei an einer Längsseite einen 2 cm breiten Rand frei lassen.
Dann den Teig von der bestrichenen Längsseite aus fest aufrollen und in 20 gleich große Scheiben schneiden.
Eine Frankfurter-Kranz-Backform oder eine Springform mit Rohrboden (25–26 cm ∅) gut einfetten.
Die Teigscheiben rundherum aufrecht hineinsetzen: zuerst eine Reihe am äußeren

Rand der Form, dann mit den restlichen Teigscheiben eine zweite Reihe davorsetzen.
Teigscheiben oben dünn mit Milch bepinseln.
Im vorgeheizten Backofen auf der zweiten Schiene von unten goldbraun backen.
Rosenkuchen herausnehmen, in der Form ca. 15 Minuten abkühlen lassen.
Auf ein mit Pergamentpapier belegtes Kuchengitter stürzen.
Abkühlen lassen. Mit Puderzucker bestäuben.

Gefüllte Honigkuchen

Zutaten
für den Teig:
200 g Honig
75 g Butter
125 g Zucker
1 Ei
1 El Rum
2 Tl Zimt
1/2 Tl gemahlene Nüsse
abgeriebene Schale einer unbehandelten Zitrone
400 g Mehl
1 geh. Tl Backpulver

für die Füllung:
100 g Honig
100 g bittere Schokolade, gerieben
250 g gemahlene Haselnüsse, geröstet
3 El Rum
200 g Rosinen
1 Prise Zimt

für den Guß:
200 g Puderzucker
1 Eiweiß
ca. 1 Tl Zitronensaft

Backzeit
ca. 30–40 Minuten bei 170 °C (E-Herd)

Zubereitung Honig, Butter und Zucker in einen Topf geben und bei schwacher Hitze unter Rühren erwärmen.
Die dickflüssige Masse in eine Schüssel füllen und mit Ei, Rum, den Gewürzen und der Zitronenschale mit dem Handrührgerät kurz schaumig rühren.
Mehl und Backpulver mischen, mit der Honigmasse zu einem glatten Teig verkneten. Diesen abgedeckt für mindestens 2 Stunden kalt stellen.
Ein Backblech mit Backpapier auslegen.
Den Teig in Blechgröße dünn ausrollen und halbieren. Eine der Teigplatten auf das Blech legen.
Für die Füllung den Honig erwärmen, bis er flüssig ist.
Honig etwas abkühlen lassen und dann Schokolade, Haselnüsse, Rum und Rosinen untermischen.
Die noch warme Masse auf die Teigplatte streichen und die zweite Platte vorsichtig darauf legen.
Das Ganze anschließend backen.
Für den Guß den Puderzucker mit Eiweiß und Zitronensaft verrühren.
Den noch warmen Honigkuchen in Rechtecke schneiden und mit dem Guß bestreichen.

Hörer-Tip Es ist sinnvoll, gleich die doppelte Menge für ein ganzes Blech zuzubereiten. Schmeckt „ofenfrisch“ lecker, hält sich aber auch hervorragend in einer Blechdose.

Sieneser Honigkuchen

Zutaten
500 g Honig
165 g Zucker
500 g Zitronat
250 g kandierte Melone, gewürfelt
750 g Orangeat
750 g Mandeln, grob gehackt
400 g Haselnüsse, gehackt
1/2 Tl schwarzer Pfeffer
1 P. Vanillezucker
1/2 Tl Zimt
125 g Mehl
große Backoblaten

Backzeit
6–8 Minuten bei 200 °C (E-Herd)

Zubereitung In einem großen Topf den Zucker im Honig auflösen.
Inzwischen in einer Pfanne die klein gewürfelten Kanditen mit den Mandeln erhitzen.
Kandite und Mandeln zum Honig geben, wenn dieser 3 Minuten lang sprudelnd gekocht hat, und sorgfältig mischen.
Nach weiteren 2 Minuten die in einer Pfanne angerösteten Haselnüsse, die Gewürze sowie das Mehl unterrühren.
Sobald alles gründlich vermischt ist, den Topf vom Feuer nehmen.
Die Masse auf dem mit Backoblaten dicht belegten Backblech gleichmäßig verstreichen und mit Oblaten bedecken.
Nach dem Backen auskühlen lassen und in Würfel oder Schnitten teilen. Die Honigkuchen lassen sich am besten in Cellophan verpackt in gut schließenden Dosen aufbewahren.

Hörer-Tip Anstelle von kandierten Melonen können auch getrocknete Aprikosen genommen werden.
Die Honigkuchen lassen sich zusätzlich mit einer Messerspitze Muskat und ca. 20 Pistazien verfeinern.

Berliner Brot

Zubereitung Haselnüsse und Mandeln in grobe Stücke schneiden.
Mehl in eine große Rührschüssel sieben und in die Mitte eine Vertiefung machen.
Nüsse, Mandeln, Zucker, Kakao, Zimt, Nelken- und Backpulver auf dem Rand verteilen.
Saure Sahne und Eier in die Mitte geben.
Den Teig gut kneten.
Anschließend auf einer Backunterlage fingerdick in Backblechgröße ausrollen und auf das gefettete Backblech legen.
Inzwischen Puderzucker mit heißem Wasser zu einem glatten Guß verrühren.
Nach dem Backen das Berliner Brot noch heiß mit dem Zuckerguß bestreichen und einige Minuten im ausgeschalteten Backofen antrocknen lassen.
Dann in 2 x 5 cm große Stücke schneiden.

Hörer-Tip Wer möchte, kann noch ca. 70 g Zitronat oder etwas Rum-Aroma dazugeben.

Zutaten
für den Teig:
100 g ganze Haselnüsse
100 g ganze ungeschälte Mandeln
500 g Mehl
500 g Zucker
3 El Kakao
2 Tl Zimt
1 Tl Nelkenpulver
1 El Backpulver
2 El saure Sahne
4 Eier

für den Guß:
100 g Puderzucker
1–2 El heißes Wasser

Backzeit
20–30 Minuten bei 200 °C (E-Herd)

Schwäbischer Kartoffelkuchen

Zutaten

für den Mürbteig:

250 g Mehl
1 Tl Backpulver
80 g Butter
1 Ei
1 Prise Salz
Milch

1 kg Kartoffeln
125 g Butter
3 Eier
1/8 l Sahne
1/4 l Milch
1 El Mehl
Salz

für den Guß:

1 Ei
3 El Sahne
Butter

Backzeit

ca. 60 Minuten bei 180 °C (E-Herd)

Zubereitung Zuerst einen Mürbteig herstellen und diesen dann im Kühlschrank ruhen lassen.

Die frischgekochten, gepellten Kartoffeln heiß durch die Kartoffelpresse drücken, mit kochender Milch überbrühen und zusammen mit der Butter schaumig schlagen.

Danach Eier, süße Sahne, Mehl und etwas Salz dazugeben.

Das Ganze dann zu einer luftigen Masse aufschlagen.

Nach dem Abkühlen die Masse auf den Mürbteig geben.

Für den Guß ein Ei mit 3 Eßlöffeln Sahne schlagen und auf der Masse verteilen.

Zum Schluß noch einige kleine Butterflöckchen darauf setzen.

Hörer-Tip Statt Milch und süßer Sahne kann auch saure Sahne verwendet und zu dieser „salzigen“ Variante dann Salat gereicht werden.

Kartoffelkrümelkuchen

Zubereitung Die am Tage vorher gekochten Kartoffeln reiben und mit Hilfe einer Gabel zu Mehl, Haferflocken und Zucker rühren.
Ei, zerlassene Margarine, Salz, Vanillezucker und Backpulver dazugeben.
Die Hälfte dieser lockeren Masse in eine gut gefettete Springform (20 cm ∅) füllen.
Die Marmelade darauf verteilen und den Rest des Teigs auf die Marmeladenschicht geben.
Den fertigen Kuchen mit Zucker bestreuen.

Zutaten
250 g Kartoffeln
250 g Mehl
50 g Haferflocken
125 g Zucker
1 Ei
60 g Margarine
1 Prise Salz
1 Prise Vanillezucker
1 P. Backpulver
250 g Marmelade

Backzeit
ca. 40 Minuten bei
200 °C (E-Herd)

Geriebener Apfelkuchen

Zutaten
4 Eier
250 g Zucker
125 g Grieß
1 Prise Salz
100 g gemahlene Haselnüsse
1 kg säuerliche Äpfel
1 Zitrone (Saft)
1 Messersp. Nelken und Zimt, gemahlen
1 El Kakao

Backzeit
ca. 60 Minuten bei 175 °C (E-Herd)

Zubereitung Äpfel grob raspeln.
Eier mit Zucker schaumig rühren.
Grieß, Salz, Haselnüsse, grob geraspelte Äpfel, Zitronensaft, Nelken, Zimt und Kakao dazugeben und unterheben.
Den Teig in eine gefettete Springform (26 cm ∅) geben und backen.
Den abgekühlten Kuchen mit Schokoladenglasur überziehen oder mit Puderzucker bestäuben.

Hörer-Tip Wer den Kuchen nicht so süß möchte, kann ihn statt mit einer Schokoladen- mit einer Zitronenglasur überziehen; dafür werden 150 g Puderzucker mit 2 El Zitronensaft verrührt.

KAKAO
GRIESS
SALZ
FETT
PUDER ZUCKER

Rhabarberkuchen

Zutaten
für den Mürbteig:
200 g Mehl
150 g Butter
50 g Zucker
1 Ei

für den Belag:
1 kg Rhabarber
150 ml Wasser
100 g Marzipan
200 g Zucker
70 g Mondamin

für den Guß:
2 Eier
70 g Zucker
1/2 l süße Sahne
20 g Mondamin

Backzeit
ca. 45 Minuten bei
180 °C (E-Herd)

Zubereitung Zutaten zu einem glatten Teig kneten und zugedeckt 15 Minuten im Kühlschrank ruhen lassen.
Eine Springform gut fetten und den Mürbteig darin auslegen.
Den Rhabarber mit kochendem Wasser übergießen.
Marzipan und Zucker in 150 ml Wasser aufkochen und so lange rühren, bis das Marzipan aufgelöst ist.
Mondamin mit dem restlichen Wasser verrühren und in das kochende Marzipanwasser einrühren.
Mondaminbrei über den Rhabarber gießen und abkühlen lassen. Masse auf den Mürbteig geben.
Für den Guß Eigelb mit 40 g Zucker schaumig rühren.
Eiweiß mit dem restlichen Zucker steif schlagen.
Die Sahne mit dem Mondamin verrühren und ebenfalls steif schlagen.
Alle drei Cremes vorsichtig untereinanderheben und über die Rhabarbermasse verteilen.
Kuchen backen.

Hörer-Tip Wer einen intensiveren Marzipangeschmack möchte, sollte die Marzipanmenge auf 150 g erhöhen.

ZUCKER
SAHNE

Schokoladen-Nuß-Kuchen

Zutaten
250 g Butter
6 Eier
100 g Zucker
200 g geriebene Blockschokolade
200 g gemahlene Mandeln
200 g ganze Haselnüsse
1 Tl Zimt
1 Zitrone (Saft)
1/2 P. Backpulver
2 Schnapsgläser Kirschwasser oder Rum

Backzeit
80 Minuten bei 180 °C (E-Herd)

Zubereitung Butter, Eier und Zucker schaumig rühren.
Nach und nach die restlichen Zutaten unterrühren.
Die Masse in eine gut gefettete Kastenform füllen.

Hörer-Tip Der Kuchen kann noch dadurch verfeinert werden, daß man ihn mit einer säuerlichen Marmelade bestreicht und dann mit einer Schokoladenglasur überzieht.

Russischer Rupfkuchen

Zubereitung Für den Teig Zutaten zu einem glatten Teig kneten und kühl stellen. Eine Springform gut fetten und die Hälfte des Teigs darin auslegen. Rand hochziehen.
Für die Füllung die Butter zerlassen.
Zucker, Magerquark, Vanillezucker, Puddingpulver und die Eier nacheinander unterrühren.
Die Masse auf den Mürbteig geben.
Den restlichen Teig streuselähnlich „rupfen“ und auf die Masse geben.

Hörer-Tip Wer eine Schrotmühle besitzt, kann die angegebenen 400 g Mehl in 200 g Schrot und 200 g Mehl aufteilen.
Zum Schluß kann man den Kuchen noch mit Puderzucker bestäuben.

Zutaten
für den Teig:
400 g Mehl
250 g Butter
250 g Zucker
1 P. Vanillezucker
1 Ei
40 g Kakao
1 P. Backpulver

für die Füllung:
500 g Magerquark
250 g Butter
200 g Zucker
1 P. Vanillezucker
1 P. Vanillepuddingpulver
3 Eier

Backzeit
ca. 60 Minuten bei 200 °C (E-Herd)

Pustkuchen

Zutaten
400 g Mehl
25 g Hefe
$^{1}/_{8}$ l lauwarme Milch
100 g Zucker
3 Eier
3 Eigelb
$^{1}/_{2}$ Tasse saure Sahne
200 g Butter
Zucker und Zimt zum Bestreuen

Backzeit
20–30 Minuten bei 180–200 °C (E-Herd)

Zubereitung Das Mehl in eine Schüssel sieben, in die Mitte eine Vertiefung machen. Die zerkleinerte Hefe hineingeben, mit der Milch und etwas Mehl zu einem Vorteig vermengen. An einem warmen Ort zugedeckt eine halbe Stunde gehen lassen.

Die Butter zerlassen, schaumig rühren und mit den restlichen Zutaten zum Vorteig geben.

Alles zu einem festen Hefeteig kneten.

Ein Backblech gut fetten, den Teig ausrollen und darauf legen.

Zucker mit Zimt mischen und den Teig damit bestreuen.

Backen und dann mit dem Kuchenrädchen schräge Vierecke ausrädeln.

Friesenkuchen

Zubereitung Die Butter schaumig rühren.
Dann die anderen Zutaten nacheinander zugeben und einen Knetteig herstellen.
Vom Teig eine Rolle von etwa 4 cm Durchmesser herstellen und 30 Minuten kaltstellen.
Von der Teigrolle dünne Scheiben abschneiden und diese auf der mittleren Schiene backen.

Zutaten
375 g Butter
1 Tl Sahne
1 Tl Hirschhornsalz
500 g Mehl
180 g Zucker
1 Ei

Backzeit
10–12 Minuten bei
180 °C (E-Herd)

ZUCKER
SALZ
MEHL

Zwiebackkuchen mit Mandeln und Nüssen

Zubereitung Butter, Zucker, Salz und Zitronenschale mit dem Mixer schaumig rühren.
Nach und nach Eier, Milch und das mit den geriebenen Zwiebäcken und dem Backpulver gut vermischte Mehl zugeben.
Zum Schluß die Nüsse und Mandeln unterziehen.
Den Kuchenteig in eine gefettete und mit Zwiebackkrümeln bestreute Springform (27 cm ∅) geben und backen.
Den abgekühlten Kuchen mit Schokoladenglasur bestreichen.

Hörer-Tip Der Kuchen schmeckt besonders gut, wenn man ihn nach dem Backen zweimal durchschneidet und mit Himbeermarmelade füllt.

Zutaten
35 Zwiebäcke
(2 Zwieback-Packungen)
300 g Butter
400 g Zucker
6 Eier
1 Prise Salz
1/4 l Milch
250 g Mehl
2 P. Backpulver
100 g Mandeln, gemahlen
50 g Nüsse, gemahlen
abgeriebene Schale einer Zitrone
fertige Schokoladenglasur

Backzeit
55–60 Minuten bei 200 °C (E-Herd)

Prophetenkuchen

Zutaten
für den Teig:
6 Eigelb
6 El Öl
6 El Mehl (ca. 100 g)
6 El Rum oder Weinbrand (40 %)

für den Belag:
150 g Butter
2 P. Vanillezucker
130 g Puderzucker

Backzeit
5–8 Minuten bei
350 °C (E-Herd)

Zubereitung Den Backofen auf größte Hitze vorheizen.
Die Eigelb werden so lange geschlagen, bis sich die Masse verdoppelt hat.
Öl unterrühren, damit der Teig dick wird.
Mehl darübersieben und Rum oder Weinbrand zugeben.
Alles kurz, aber sehr kräftig schlagen.
Diese Masse auf ein gefettetes Backblech streichen und bei stärkster Hitze backen.
Während des Backens bilden sich Blasen und Wellen. Der Kuchen darf nicht braun werden; er muß gelb aussehen.
Den fertigen Kuchen auskühlen lassen, dann dick mit zerlassener Butter bepinseln.
Mit Vanillezucker bestreuen.
Wenn die Butter fest geworden ist, mit Puderzucker bestreuen.

Hörer-Tips Der Anteil von Rum oder Weinbrand kann um 1–2 Eßlöffel erhöht werden, damit der Geschmack intensiver wird.
Beim Belag kann die Menge der Butter und des Puderzuckers etwas reduziert werden.
Auf dem Backblech genügend Platz in alle Richtungen lassen, da der Teig sehr stark aufgeht.

REZEPTE
RUM

Walnußkuchen

Zutaten
200 g Zucker
5 Eier
1 Tl Backpulver
200 g Walnüsse, gemahlen
3 El Rum
1 Tafel Vollmilch-schokolade

Backzeit
45 Minuten bei 180 °C (E-Herd)

Zubereitung 2 ganze Eier und 3 Eigelb mit dem Zucker schaumig rühren.
Dann Walnüsse, geriebene Schokolade, Rum und Backpulver dazugeben.
Eiweiß steif schlagen und unterheben.
Kastenform mit gefettetem Backpapier auslegen und die Masse einfüllen.
Nach dem Backen Kuchen stürzen.
Eventuell mit Schokoladenguß überziehen.

Zuckerkuchen

Zubereitung Aus den angegebenen Zutaten einen Rührteig zubereiten und auf ein mit Backpapier ausgelegtes Backblech streichen.
Den Kuchen 10 Minuten bei 200 °C backen.
In der Zwischenzeit Butter, Zucker, Vanillezucker und Milch verrühren, erwärmen und auf den vorgebackenen Kuchen streichen.
Mit den Mandeln bestreuen und nochmals 10 Minuten backen.

Zutaten

für den Teig
1 Becher Sahne
1 Becher Zucker
1 Becher Mehl
4 Eier
1 P. Backpulver
1 P. Vanillezucker

für den Guß
125 g Butter
1 Becher Zucker
1 P. Vanillezucker
3 El Milch
50 g geschnittene Mandeln

Backzeit
20 Minuten bei 200 °C (E-Herd). Gesamtbackzeit!

Sächsischer Prasselkuchen

Zutaten
250 g Mehl
1 Prise Backpulver
250 g Quark
250 g Butter
1 P. Vanillezucker

150 g Mandeln, gehackt
275 g Zucker
3 Eier
125 g Butter
200 g Mehl

Backzeit
ca. 20 Minuten bei 220 °C (E-Herd)

Zubereitung Mehl auf ein Brett sieben, den Quark zugeben und die Butter in Flöckchen darauf verteilen. Schnell verarbeiten, bis der Teig ganz glatt ist. Etwas ruhen lassen.
Einen langen und schmalen Streifen auswellen und die Hälfte davon mit der in dünne Scheiben geschnittenen, kalten Butter belegen.
Die andere Hälfte des Teigs darüber schlagen und mit dem Wellholz etwas anklopfen, damit sich die Butter gleichmäßig darunter verteilt.
Wieder einen langen, schmalen Streifen auswellen.
Diesen auf beiden Seiten so weit einschlagen, daß die Teigenden in der Mitte zusammenstoßen. Dann nochmals zusammenklappen, so daß der Teig vierfach liegt.
Der Länge nach auswellen.
4–6mal mit halbstündigen Pausen auswellen.
Dann auf einem großen Backblech ausrollen und in Rechtecke schneiden.
Mandeln mit 150 g Zucker und dem steif geschlagenen Eiweiß mischen.
Diese Masse auf die Blätterteigstücke geben.
Aus dem restlichen Zucker, der Butter und dem Mehl Streusel kneten und über die Kuchenstücke streuen.
Auf der mittleren Schiene backen.

Bürgermeisterkranz

Zubereitung Aus den angegebenen Zutaten einen Hefeteig herstellen und 60–90 Minuten im Kühlschrank ruhen lassen.
Für die Füllung Milch und Zucker zusammen aufkochen.
Die Nüsse unterrühren, anschließend Butter, Ei und Biskuit oder Zwieback sowie die Gewürze zugeben. Auf Raumtemperatur erkalten lassen.
Hefeteig ausrollen und in 3 Streifen schneiden.
Auf jeden Streifen 100 g–150 g Nußfüllung streichen.
Dann aus den 3 Streifen einen Zopf flechten und diesen in Kranzform in die gefettete Backform (Ring, 28 cm ∅) legen. Ca. 45 Minuten warm stellen.
Mit Ei bestreichen und mit Mandeln bestreuen.
Auf der mittleren Schiene backen.

Zutaten
500 g Mehl
30 g Hefe
80 g Zucker
90 g Butter
200 g Milch
1 Ei
1 Eigelb
Schale einer unbehandelten Zitrone
1 Prise Salz

für die Füllung
100 g Milch
125 g Zucker
100 g Haselnüsse, gemahlen
100 g Haselnüsse, gehackt
60 g Butter
1 Ei
30 g Biskuit oder Zwieback, gerieben
1 Prise Salz
Vanille
Zimt
Nelkenpulver

1 Ei
Mandeln, gehobelt

Backzeit
45–50 Minuten bei 175 °C (E-Herd)

Osterfladen

Zutaten
für den Teig:
250 g Mehl
125 g Butter
75 g Zucker
1 P. Vanillezucker
1 Messersp. Backpulver
1 Ei

für den Belag:
500 g Sahnequark
5 Eigelb
100 g Zucker
100 g Korinthen
50 g geriebene Mandeln
50 g Butter
abgeriebene Schale einer Zitrone
2 El Arrak
$^1/_8$ l Sahne
Zucker zum Bestreuen

Backzeit
ca. 60 Minuten bei 175 °C (E-Herd); Stufe 1 (Gas)

Zubereitung Aus Mehl, Butter, Zucker, Vanillezucker, Backpulver und dem Ei einen Mürbeteig zubereiten und kalt stellen.
Teig ausrollen und eine Springform (26 cm ∅) damit auslegen, dabei einen Rand mit hochziehen.
Den Quark in einem Sieb abtropfen lassen.
4 Eigelb mit dem Zucker schaumig rühren.
Korinthen, Mandeln, zerlassene Butter, Zitronenschale, Arrak und die Sahne zugeben, dann den Quark unterrühren.
Die Quarkmasse auf den vorbereiteten Mürbeteigboden geben.
Das verquirlte Eigelb darübertropfen lassen.
Den Kuchen auf der mittleren Schiene im vorgeheizten Backofen backen.
Noch heiß mit Zucker bestreuen.

Weihnachtsstollen

Zubereitung Aus Mehl, Backpulver, Eiern, Butter, Zucker, Vanillezucker, Quark, Aroma und Salz einen Knetteig (gehackter Teig) bereiten.
Mit den gewaschenen, gut getrockneten und in etwas Mehl gewälzten Rosinen, dem feingehackten Zitronat und den geriebenen Mandeln mischen.
Ausrollen und zum Stollen formen.
Im vorgeheizten Backofen backen.
Den noch heißen Stollen mit zerlassener Butter bepinseln und mit gesiebtem Puderzucker bestreuen.

Zutaten
500 g Mehl
1 P. Backpulver
2 Eier
150 g Butter
150 g Zucker
1 P. Vanillezucker
250 g Quark
etwas Rum
Bittermandelaroma
1 Prise Salz
150 g Rosinen
50 g Zitronat
125 g Mandeln
zerlassene Butter
Puderzucker

Backzeit
60–70 Minuten bei
200 °C (E-Herd)

Quark-Stollen

Zutaten
500 g Mehl
200 g Zucker
125 g Butter
200 g Magerquark
200 g Rosinen
125 g gemahlene Mandeln
1 P. Backpulver
1 Fl. Rum
1 Fl. Zitronenöl
1 Fl. Buttervanille
2 Eier
Puderzucker
Butter

Backzeit
50–60 Minuten bei 200 °C (E-Herd)

Zubereitung Mehl auf ein Backbrett sieben, Zucker dazugeben, Butter in Flöckchen darüber verteilen.
Magerquark, Rosinen, Mandeln, die Aromen und die Eier zufügen und alles zu einem Teig zusammenkneten.
Einen Stollen daraus formen.
Hellbraun backen.
Den Stollen noch warm mit zerlassener Butter bestreichen und mit Puderzucker bestäuben.

Hörer-Tips Das Fläschchen Buttervanille kann durch das Mark einer Vanilleschote, das Zitronenöl durch die abgeriebene Schale einer unbehandelten Zitrone ersetzt werden.
Die Rosinen einen Tag zuvor in 2 Eßlöffel Rum einweichen.
Für Marzipan-Freunde: 200 g Marzipanmasse unter den Teig kneten. Schmeckt besonders lecker!
In Alufolie verpackt läßt sich der Stollen längere Zeit aufbewahren.

Riesling- und Himmelstorte

Raffinierte Torten

Bananen-Schoko-Torte

Zubereitung Eigelb und Wasser mit einem Schneebesen oder Elektroquirl schaumig schlagen.

Nach und nach Vanillezucker und ein Drittel des Zuckers hinzugeben und zu cremiger Masse schlagen.

Eiweiß steif schlagen und den restlichen Zucker einrieseln lassen. Auf die Eigelbcreme geben.

Mehl mit Speisestärke und Backpulver vermischen, darübersieben und unter die Creme ziehen.

Teig in eine mit gefettetem Pergamentpapier ausgelegte Springform füllen und im vorgeheizten Backofen backen.

Bananenscheiben mit Zitronensaft bepinseln und auf dem ausgekühlten Biskuitboden verteilen.

Gelatine nach Vorschrift einweichen.

Kuvertüren und Milch im Wasserbad erhitzen.

Gelatine darin auflösen und abkühlen lassen.

Eigelb, Zucker und Vanillezucker schaumig rühren.

Schokomilch zugeben und kurz in den Kühlschrank stellen.

Sahne und Eiweiß getrennt steif schlagen und nacheinander mit dem Kochlöffel unter die Schokoladenmasse ziehen.

Tortenring um den Biskuit legen und die Schokoladencreme einfüllen.

Zutaten

für den Biskuitteig:

2 Eigelb
2–3 El warmes Wasser
1 P. Vanillezucker
100 g Zucker
2 Eiweiß
75 g Mehl
50 g Speisestärke
1 Tl Backpulver
Margarine zum Einfetten

für den Belag:

3 Bananen
1 Zitrone (Saft)
6 Blatt weiße Gelatine
100 g Zartbitterkuvertüre
100 g Vollmilchkuvertüre
0,1 l Milch
3 Eigelb
60 g Zucker
1 P. Vanillezucker
2 Becher Sahne (400 g)
3 Eiweiß
Schokoraspel

Backzeit

ca. 20 Minuten bei 200 °C (E-Herd)

Die Torte einige Stunden im Kühlschrank fest werden lassen.
Tortenring entfernen und fertige Torte mit Schokoraspel bestreuen.

Hörer-Tip Wem der Kuchen so zu „mächtig“ ist, der kann die Sahne durch Schokoladenpudding ersetzen, den fertigen Kuchen mit Zartbitterkuvertüre überziehen und ihn vor dem Servieren leicht mit Puderzucker bestreuen.

Schoko
Zucker
Gelatine
Süsse Sahne
Vanille zucker

Lübecker Nußtorte

Zutaten
100 g Haselnußkerne

für den Boden:
5 Eier (Gewichtsklasse 2)
150 g Zucker
2 El Wasser
1 Tl abgeriebene Schale einer Zitrone
1 Prise Salz
80 g Mehl
80 g Speisestärke
50 g Nußnougat
Fett

für die Füllung und Garnitur:
200 g Marzipanrohmasse
100 g Puderzucker
3/4 l Sahne
50 g Zucker
Puderzucker
50 g Walnußkerne

Backzeit
25–30 Minuten bei 200 °C (E-Herd); Stufe 3 (Gas)

Zubereitung Den Backofen auf 200 °C (Gas: Stufe 3) vorheizen.

Die Haselnußkerne auf ein Backblech legen und 15 Minuten rösten.

In einen Durchschlag schütten.

Die Eier trennen.

75 g Zucker, 2 Eßlöffel Wasser, Zitronenschale und Salz zum Eigelb geben.

Mehl und Speisestärke in eine Schüssel sieben.

Die Eigelbmasse mit dem Handrührer schaumig schlagen, dann den weichen Nußnougat unterrühren.

Das Eiweiß mit dem restlichen Zucker zu steifem Schnee schlagen.

Eischnee und Mehl mit der Speisestärke abwechselnd unter die Eigelbmasse heben.

Den Boden einer Springform (26 cm ø) leicht fetten.

Die Masse einfüllen und im vorgeheizten Ofen auf der zweiten Schiene von unten backen.

In der Form mit der Oberseite nach unten mindestens zwei Stunden auf einem Kuchengitter auskühlen lassen.

Die Häutchen von den Haselnüssen reiben.

Dann die Nüsse mahlen.

Die Marzipanrohmasse mit dem Puderzucker verkneten und zugedeckt zur Seite stellen.

Den Boden aus der Springform lösen und

zweimal waagrecht durchschneiden, so daß man drei Böden erhält.
Die Sahne bis auf 1/8 l steif schlagen.
Die Nüsse unter die Sahne ziehen.
Ein Drittel der Nußsahne leicht kuppelförmig auf den untersten Boden streichen. Den zweiten Boden leicht darauf drücken.
Bis auf zwei gehäufte Eßlöffel die Nußsahne wieder kuppelförmig darauf streichen.
Den letzten Boden darauf legen und die ganze Torte mit der restlichen Nußsahne bestreichen.
Die Arbeitsfläche dünn mit Puderzucker bestäuben und das Marzipan zu einem Kreis mit 35 cm ø ausrollen.
Auf das Rollholz wickeln und über die Torte legen.
Mit beiden Handflächen von der Mitte aus ohne großen Druck über die ganze Torte streichen und so die Marzipanschicht vorsichtig glätten.
Das überstehende Marzipan mit einem scharfen Messer rundherum sauber abschneiden, zusammenkneten und zu einer 70 cm langen Rolle formen.
Den Tortenrand mit etwas Wasser bestreichen.
Die Marzipanrolle um die Torte legen und leicht andrücken. Mit einer Gabel oder einem Marzipankneifer verzieren.
Die restliche Sahne steif schlagen und die Torte damit verzieren.
Mit den Walnußkernen dekorieren.

Hörer-Tip Wer sich den „Kuppelbau“ nicht so recht zutraut, kann die Lübecker

Nußtorte auch auf herkömmliche Art füllen: Die Oberfläche wird mit dem Marzipan bedeckt, der Rand mit Nußsahne bestrichen.

Schmandtorte

Zubereitung Aus den angegebenen Zutaten einen Knetteig bereiten und 30 Minuten kühl stellen.
$^{1}/_{3}$ des Teiges ausrollen und in einer mit Backpapier ausgelegten Springform (26 cm ∅) in den vorgeheizten Backofen auf die mittlere Schiene setzen.
Zwei weitere Böden ebenso backen.
Böden sofort nach dem Backen auf ein Kuchengitter stürzen, Backpapier abziehen und Böden abkühlen lassen.
Einen Boden auf eine Tortenplatte legen und mit Konfitüre bestreichen.
Schmand oder Crème fraîche mit Vanillezucker cremig schlagen.
Die Hälfte der Creme auf dem Tortenboden verteilen, zweiten Boden darauf legen und mit Konfitüre und der restlichen Creme bestreichen.
Dritten Boden darauf legen.
Torte mit Puderzucker bestäuben, kühl stellen und am besten 24 Stunden durchziehen lassen.

Hörer-Tip Statt Konfitüre kann man auch Preiselbeeren nehmen.

Zutaten
für den Teig:
300 g Mehl
1 Tl Backpulver
200 g Zucker
100 g Butter
Salz
1 Ei

für die Füllung:
4 El Konfitüre
500 g Schmand oder Crème fraîche
3 P. Vanillezucker
Puderzucker

Backzeit
ca. 15 Minuten bei 200 °C (E-Herd)

Belgrader Mandeltorte

Zutaten

für den Teig:
6 Eigelb
4 El heißes Wasser
120 g Zucker
150 g geschälte, gemahlene Mandeln
abgeriebene Schale einer halben Zitrone
50 g Mehl
3 Eiweiß
1 Prise Salz
Margarine
Mehl

für die Füllung:
1/2 l Milch
1 Vanilleschote
50 g Speisestärke
5 Eigelb
100 g Zucker
1 P. Vanillezucker
250 g Butter

zum Garnieren:
50 g blättrig geschnittene Mandeln

Backzeit
25–30 Minuten bei 180 °C (E-Herd); Stufe 2 (Gas)

Zubereitung Für den Teig Eigelb in einer Schüssel mit Wasser schaumig rühren. Etwa 80 g Zucker dazugeben und alles zu einer cremigen Masse schlagen.

Mandeln, Mehl und Zitronenschale zugeben.

Eiweiß zu steifem Schnee schlagen.

Salz und restlichen Zucker einrieseln lassen.

Locker unter die Eimasse mischen.

Eine Springform (26 cm ∅) einfetten und dünn mit Mehl ausstreuen.

Teig in die Form füllen. Im vorgeheizten Backofen auf der unteren Schiene backen.

Torte aus dem Ofen nehmen und auf einem Kuchendraht abkühlen lassen.

Dann mit einem scharfen Messer oder einem Faden in drei gleich dicke Böden teilen.

Milch und die aufgeschnittene Vanilleschote in einem Topf zum Kochen bringen. Vanilleschote entfernen.

Die mit wenig kaltem Wasser angerührte Speisestärke in die Milch geben, unter Rühren kurz aufkochen, vom Herd nehmen.

Eigelb in einer Schüssel mit Zucker und Vanillezucker verquirlen.

In die etwas abgekühlte Milch rühren und unter Rühren abkühlen lassen.

In einer anderen Schüssel die Butter schaumig rühren.

Eßlöffelweise die Vanillecreme unterziehen.

Zwei Tortenböden mit je einem Viertel der Buttercreme bestreichen.

Alle drei Böden zusammensetzen. Torte mit der restlichen Creme überziehen.
Mandeln in einer Pfanne goldbraun rösten und abkühlen lassen.
Torte damit bestreuen. Mandelblätter am Rand etwas andrücken.
Torte kalt stellen.

Torte Pischinger Art

Zutaten
(Mengenangaben für 8 kleine Tortenstückchen)

für die Füllung:
150 g geschälte Mandeln
100 g Butter
75 ml Sahne
50 g Kristallzucker
100 g zartbittere Schokolade
5–6 Karlsbader Oblaten (15–17 cm ∅, Gewicht ca. 125 g)

für die Glasur:
150–200 g Vollmilchkuvertüre

Zubereitung Die Mandeln hacken – in der Größe mittlerer Perlgraupen – oder durch die Nußmühle mit passendem Einsatz drehen.

Die Mandeln in einer emaillierten Pfanne ohne Fett anrösten, dabei ständig rühren. Danach abkühlen lassen.

In einem kleinen Topf die Butter mit der Sahne kurz aufkochen lassen, den Zucker einrühren und auflösen. Den Topf vom Herd nehmen.

Die Schokolade in kleine Stückchen schneiden und in mäßig heißem Wasserbad schmelzen.

Abwechselnd mit der warmen Butter-Sahne-Mischung und den angerösteten Mandeln vermengen; die Füllmasse soll noch warm sein, streichfähig und nicht klebrig.

Die Oblaten – mit Ausnahme der obersten – bis an den Rand gleichmäßig mit Füllmasse bestreichen und übereinander setzen. Den dabei verwendeten Löffel immer wieder in heißes Wasser tauchen.

Die jeweils nächste Schicht mit einem aufgelegten Küchenbrettchen leicht andrücken.

Die nichtglasierte Torte im Kühlschrank 2 bis 3 Stunden trocknen lassen.

Die Kuvertüre in Stückchen schneiden und im Wasserbad langsam schmelzen; abkühlen lassen.

Nochmals erwärmen, lauwarm auf die Torte gießen und mit einem in heißes Wasser getauchten, breiten Messer oder einer Palette glätten. An den Seiten abfließende Glasur wieder hochstreichen.
Die fertige Torte kühl stellen.

Hörer-Tips Statt die Mandeln anzurösten, können sie mit Zucker zu Krokant karamelisiert werden, der nach dem Erkalten wieder gehackt oder gemahlen werden muß. Die Sahne ist dann wegzulassen und die Zuckermenge auf 100 g zu erhöhen. Diese Füllung ist schwieriger zuzubereiten, sie schmeckt jedoch nussiger.

Bei der Vollmilchkuvertüre handelt es sich um ein Schokoladenprodukt mit hohem Kakaoanteil, das nach dem Schmelzen gebrauchsfertig ist. Sie schmeckt besser als Fertigglasuren auf Pflanzenfettbasis.

Kurzanleitung für eine eigene Schokoladenglasur: 100 g kleingeschnittene Vollmilchschokolade in 100 ml Sahne aufkochen, dabei ständig rühren. „Schleckmäuler" nehmen zusätzlich 40 g Puderzucker und etwas weniger Sahne. Die Masse erkalten lassen (wichtig!), wieder leicht erwärmen, glattrühren und die Torte damit überziehen. Die fertige Torte kann noch mit gerösteten Mandelsplittern bestreut werden.

Rieslingtorte

Zutaten
1 heller halber Biskuitboden

für die Füllung:
250 g Butter
200 g Puderzucker
5 Eigelb
5 El Rum
400 g Löffelbiskuits
$^{1}/_{2}$ l Weißwein (Riesling)

Zubereitung Butter, Puderzucker, Eigelb und Rum zu einer Creme rühren.
Die Creme abwechselnd mit den kurz in Wein getauchten Löffelbiskuits schichtweise über Kreuz auf den Tortenboden legen. Eine Schicht Creme, eine Schicht Löffelbiskuits.
Normalerweise werden drei Schichten aufgetragen, wobei die oberste Schicht Creme sein sollte.
Die Torte kann nach Belieben mit Sahne und Mandelblättchen garniert werden.
Kühl stellen.

Rum
Puder Zucker

Punschtorte Prager Art

Zutaten

für den Teig:
6 Eigelb
5 El warmes Wasser
200 g Zucker
270 g Mehl
1 Tl Backpulver
abgeriebene Schale einer Zitrone
6 Eiweiß
Margarine

für den Punsch:
1/8 l Weißwein
70 g Zucker
5–6 El Arrak
3 El Zitronensaft

zum Färben:
50 g bittere Schokolade
3 El Sauerkirschsaft

zum Bestreichen:
8–10 El Aprikosenmarmelade
(ca. 180–200 g)

für die Glasur:
250 g Puderzucker
3–4 El Arrak
1–2 El heißes Wasser

Backzeit

60 Minuten bei 180 °C (E-Herd); Stufe 3 (Gas)

Zubereitung Für den Biskuitteig Eigelb mit Wasser in einer Schüssel schaumig schlagen.
Dann den Zucker einrieseln lassen.
Mehl, Backpulver und Zitronenschale mischen und unterrühren.
Eiweiß in einer Schüssel steif schlagen. Locker unterheben.
Boden einer Springform (26 cm ∅) mit Pergamentpapier auslegen. Mit Margarine fetten.
Teig einfüllen. Im vorgeheizten Ofen auf der unteren Schiene backen.
Kuchen 15 Minuten abkühlen lassen. Dann zum Erkalten auf einen Kuchendraht stürzen. Pergamentpapier abziehen.
Kuchen über Nacht ruhen lassen.
Am nächsten Tag Tortenboden in drei Schichten schneiden. Dabei die mittlere Platte etwas dicker schneiden.
Für die Füllung den dickeren Boden in 2 cm große Würfel schneiden, die in verschiedenfarbigen Punschen getränkt werden.
Für den Punsch Weißwein, Arrak und Zitronensaft in einem Topf aufkochen.
Punsch in drei Gläser, Biskuitwürfel in drei Schälchen verteilen.
Für die braunen Würfel Schokolade in einem Topf im heißen Wasserbad auflösen und mit dem ersten Glas Punsch mischen. In das erste Schälchen mit Biskuitwürfeln gießen und mit einem Rührlöffel vorsichtig bewe-

gen, so daß die ganze Flüssigkeit von den Würfeln aufgesogen wird.

Für die hellen Würfel die zweite Portion Biskuit mit dem zweiten Glas Punsch tränken.

Für die roten Würfel den restlichen Punsch mit dem Sauerkirschsaft verrühren und über die letzten Biskuitwürfel gießen.

Alle Biskuitwürfel in einer Schüssel vorsichtig mischen.

Die beiden Tortenböden dünn mit Aprikosenmarmelade bestreichen.

Einen mit der unbestrichenen Seite nach unten auf eine Tortenplatte setzen.

Springformrand umlegen.

Biskuitwürfel gleichmäßig auf den Boden verteilen.

Den zweiten Tortenboden mit der bestrichenen Seite darauf legen und andrücken. Oberfläche mit einem Holzbrett beschweren.

Torte 5 Stunden in den Kühlschrank stellen.

Für die Glasur Puderzucker in eine Schüssel sieben.

Mit Arrak und Wasser glattrühren. Über die Torte gießen.

Ein Pfannenmesser in heißes Wasser tauchen, die Glasur über die Oberfläche und die Seiten verteilen.

Glasur erstarren lassen.

Hörer-Tip Die Torte am besten noch mit Schokolade oder mit kandierten Früchten verzieren.

MEHL
VANILLE ZUCKER
SCHLAG SAHNE
ZUCKER

Himmelstorte

Zubereitung Butter, Zucker, Vanillezucker und Eigelb schaumig rühren.
Mehl und Backpulver dazugeben und zu einem glatten Rührteig verarbeiten.
Teig in zwei Springformen (28 cm ∅) füllen.
Eiweiß steif schlagen, den Zucker einrieseln lassen.
Die Masse auf den beiden Rührteigböden verteilen und mit den Mandelblättchen bestreuen.
Im vorgeheizten Backofen backen.
Bevor die Böden erkaltet sind, aus der Form nehmen und einen der Böden in Stücke schneiden.
Das Obst mit der geschlagenen Sahne mischen und die Masse auf dem unteren Boden verteilen.
Den in Stücke geschnittenen Boden oben auflegen.

Zutaten
für den Teig:
125 g Butter
125 g Zucker
1 P. Vanillezucker
5 Eigelb
150 g Mehl
$^1/_2$ P. Backpulver

Guß für zwei Böden:
4 Eiweiß
180 g Zucker
80 g Mandelblättchen

für die Füllung:
2 kleine Dosen Mandarinen (Ananasstücke, Heidelbeeren)
2 Becher Sahne
2 P. Sahnesteif
1 P. Vanillezucker

Backzeit
ca. 30 Minuten bei
180 °C (E-Herd);
150 °C (Umluftherd)

Friesische Weihnachtstorte

Zutaten

für den Teig:
250 g Mehl
1 Messersp. Backpulver
2 P. Vanillezucker
150 g Crème fraîche
175 g Margarine

für die Streusel:
150 g Mehl
75 g Zucker
1 P. Vanillezucker
1 Messersp. Zimt
100 g Margarine

für die Füllung:
1/2 l Sahne
25 g Zucker
2 P. Sahnesteif
1 P. Vanillezucker
450 g Pflaumenmus
Puderzucker

Backzeit
ca. 15 Minuten bei 200–225 °C (E-Herd)

Zubereitung Aus den Zutaten einen Mürbteig herstellen und ihn eine Zeit lang kalt stellen.
Den Teig in vier Teile aufteilen.
Jeweils ein Teigstück auf dem gefetteten Boden einer Springform (26 cm ∅) ausrollen, mehrmals mit einer Gabel einstechen und den Rand bilden.
Die Streusel herstellen und die Teigböden gleichmäßig damit bedecken.
Die Böden nacheinander backen.
Sofort nach dem Backen die Böden lösen und einen Boden in 12 Tortenstücke schneiden und erkalten lassen.
Die Sahne mit Sahnesteif, Zucker und Vanillezucker steif schlagen und in einen Spritzbeutel füllen.
Die drei unzerteilten Böden mit Pflaumenmus bestreichen und die Sahne darauf spritzen.
Die Torte zusammensetzen und mit Puderzucker bestäuben.

Hörer-Tip Zum Pflaumenmus kann man etwas Zwetschgenwasser und/oder gehackte Wal-, Haselnüsse oder Mandeln dazugeben.

Nußlikör und Mönchsmet

Feine Liköre

Eierpunsch

Zubereitung Eier, Zucker, Weißwein, Rum, Wasser, Saft und Schalen der Zitronen mischen und unter ständigem Schlagen mit dem Schneebesen langsam erhitzen.
Einmal kurz aufkochen lassen und während des Abkühlens weiter schlagen.

Zutaten
8 Eier
250 g Zucker
1 l Weißwein
1/4 l Rum
1/2 l Wasser
3 Zitronen

Nußlikör

Zutaten
100 Stück halbreife Walnüsse (ca. 6 Pfund oder ca. 400 g geschält)
1,5 l guter Weinbrand
600 g Zucker
$^{3}/_{4}$ l Wasser
$^{1}/_{2}$ Tl gemahlener Zimt
$^{1}/_{2}$ Tl gemahlene Nelken

3 weithalsige 1-Liter-Flaschen
1 Trichter
3 Mulltücher

Diesen Likör kann man nur aus halbreifen Walnüssen herstellen; diese erhält man in der Regel von Anfang bis Mitte August.
Halbreife Walnüsse haben eine grüne saftige Schale, die man vorher entfernen muß. Dazu nimmt man ein Messer und am besten auch dünne Gummihandschuhe, da die Finger sonst einige Tage dunkelgrün gefärbt bleiben.
Die Walnüsse sind nach dem Schälen noch naß und glitschig, daher sollten sie ein bis zwei Tage trocknen.

Zubereitung Die Walnüsse am besten mit einem breiten Holzhammer gut anklopfen, aber nicht zerschlagen, so daß man die Schale gut mit den Fingern abbrechen und die halbreife Frucht in ganzen Stücken herausnehmen kann.
Auf einem großen Holzbrett mit einem Messer feinhacken, und in einer Schale mit dem Zimt und den Nelken gut verrühren.
Die Nußmasse mit dem Trichter auf die drei Flaschen verteilen und mit je $^{1}/_{2}$ l Weinbrand auffüllen.
Die Mulltücher 4fach falten, die Flaschen damit zubinden und drei Wochen an ein sonniges Fenster stellen. Alle zwei Tage gründlich durchschütteln.
Nach drei Wochen den Zucker mit dem Wasser fünfmal aufkochen und durch ein feines

Tuch in eine Schüssel gießen. Kalt werden lassen.
Danach die Zuckerlösung in die Flaschen füllen, bis ca. zehn Zentimeter unter den Verschluß.
Den Likör weitere 14 Tage an einem sonnigen Platz stehen lassen und alle zwei Tage gut aufschütteln. Danach kann er probiert werden.

Egerländer Punsch

Zutaten

1 l starker russischer Tee
1 l Rotwein
2 Zitronen (Saft)
3 Orangen (Saft)
0,33 l Rum oder Cognac
0,33 l Madeira
300 g Zucker

Zubereitung Tee, Rotwein, Saft der Zitronen und Orangen, Rum oder Cognac, Madeira und Zucker vermischen und langsam erhitzen. Nicht kochen!
Sofort servieren.

Russische Tee
Ruski
Cognac
Zucker

Hagebuttenlikör

Zutaten
500 g Hagebutten
150 g weißer Kandiszucker
3/4 l Korn

Zubereitung Hagebutten putzen und halbieren. Kerne und Härchen entfernen.
Fruchthälften gut ausspülen, abtropfen lassen, evtl. im Mixer pürieren und in eine Flasche geben.
Mit Kandiszucker und Korn bedecken.
Flasche verschließen und an einem warmen Ort zwei Monate durchziehen lassen.
Den Likör filtern und in eine andere Flasche füllen.

KORN

Met
Nach Salcia Landmann

Zutaten
4 l Wasser
1 kg Honig
10 g getrockneter Hopfen
1 Zitrone in Scheiben samt Schale
evtl. zum Färben einige Eßlöffel karamelisierten Zucker

Zubereitung Wasser, Honig, Hopfen und Zitronenscheiben zusammen aufkochen. Zitronenscheiben und Hopfen in ein Mullsäckchen geben, damit man es leicht entnehmen kann.
Gut umrühren und einen oder mehrere Krüge bis $^{3}/_{4}$ der Höhe füllen.
Wegen der Gärung leicht abdecken. Bei Zimmertemperatur mindestens 3 Wochen stehen lassen, so lange, bis der Met nicht mehr gärt.
Dann in Flaschen füllen; diese vorsichtshalber nicht zu fest verschließen.

Met
Nach Art der fränkischen Mönche

Zubereitung Honig, Wasser und Gewürze zusammen aufkochen, öfters umrühren und abschäumen. Flüssigkeit abkühlen lassen.
Eine kleine Menge der Flüssigkeit auf Handwärme abkühlen und darin die Hefe auflösen. Danach wieder zur übrigen Flüssigkeit geben.
Garvorgang und Abziehen auf Flaschen wie oben.

Zutaten
Angaben auf je 1 Liter Met bezogen
1 kg Honig
1,5 l Wasser
Nelkenpulver
Ingwerpulver oder
Anispulver
100 g Reinzuchthefe
(Weinhefe aus der
Drogerie)

Eierlikör

Zutaten
0,7 l Schnaps (43 %)
20 Eigelb
1 P. Vanillezucker
Puderzucker

Zubereitung Schnaps, Eigelb, Vanillezucker und etwas Puderzucker im Mixer verrühren. Einen Tag ruhen lassen.

Hörer-Tip Alternative für Leute, die auf den Cholesterinspiegel achten müssen:

Zutaten
0,7 l Schnaps oder Weinbrand
20 g Reinlecithinpulver aus der Apotheke
0,1 l Sahne oder Milch (3,5 %)
1 Prise echte Vanille
max. 50 g Zucker oder Süßstoff

Zubereitung Schnaps, Reinlecithinpulver, Sahne oder Milch, Vanille und Zucker im Mixer verrühren und kühl stellen.
Einen Tag ruhen lassen.

Statt eines Nachworts

Haben Sie nach so viel Süßem Lust auf etwas Pikantes bekommen? Wie wär's mit einem Rindfleischsalat?
Eine „Testbäckerin", die nach einem besonders süßen Kuchen gerne etwas Herzhaftes essen wollte, biß zuerst mal in eine saftige Gewürzgurke, dann machte sie sich einen leckeren Rindfleischsalat. Das Rezept hat sie gleich mitgeschickt:

Rindfleischsalat

Zubereitung Rinderhals zusammen mit Lorbeerblatt und Suppengrün ca. 1 1/2 Stunden sieden.
Die anderen Zutaten würfeln, ebenso den gekochten Rinderhals.
Mit Salz, Pfeffer, evtl. Schnittlauch, Essig und Öl würzen.

Zutaten
1 kg Rinderhals
1 Bund Suppengrün
1 Lorbeerblatt
2 Fleischtomaten
1/2 Salatgurke
3 Gewürzgurken
1 Zwiebel
2 gekochte Eier
1 El Salz
1 Tl schwarzer Pfeffer
Öl und Essig nach Geschmack

Register

Hilde Rota

Spätzle, Trümmer und Amore

Eine nicht ganz alltägliche Lebensgeschichte. 200 Seiten. Die glücklichen Jahre der Kindheit, die dramatischen Erlebnisse während der Kriegsjahre und ihre unbeschwerte Zeit nach 1945 in Italien – all dies beschreibt die Autorin in ihrer Autobiographie sehr lebensnah und fängt auf eindrucksvolle Weise die Atmosphäre jener Zeit ein.

Fritz Peter Seitz

Gottfried Fingerles schwäbische Lebensfilosofie

Mit Zeichnungen von Sepp Buchegger. Hrsg. von Thomas Vogel. 77 Seiten mit 12 Zeichnungen. Humorvolle Mundartglossen über Menschliches und Allzumenschliches. Aus der Rundfunksendung »Schwäbische Stunde«.

Traugott Haberschlacht

Kleine Geschichte(n) von Baden-Württemberg

Verbürgtes, Überliefertes und Erfundenes von der Früh- bis zur Späthzeit. 238 Seiten mit 16 Zeichnungen. 39 historische Purzelbäume zum Schmunzeln und Nachdenken.

Mord und Todtschlag in Schwaben

Zwei Leichen im Weinberg und andere (zum Glück) nicht alltägliche Kriminalfälle. Entdeckt, bearbeitet und herausgegeben von Diedrich Genth. 160 Seiten mit 65 Abbildungen. Spannende Kriminalfälle aus alten Polizei- und Gerichtsakten: authentisch, hintergründig, unterhaltsam. Mit vielen zeitgenössischen Bildcollagen.

Gunter Haug

Droben stehet die Kapelle …

Ausflüge in die Vergangenheit Schwabens. 190 Seiten mit 15 Zeichnungen. Erlebte Geschichte auf fünfzig Ausflügen zu schwäbischen Sehenswürdigkeiten, Museen, Gedenkstätten und Naturdenkmalen.

THEISS